Mario Stenz

AF189193

Auszeit

Bibliographische Informationen der Deutschen Nationalbibliothek:

Die Deutsche Nationalbibliothek verzeichnet diese Publikation in der Deutschen Nationalbibliografie; detaillierte bibliografische Daten sind im Internet über http://dnb.dnb.de abrufbar.

Herstellung und Verlag:

BoD – Books on Demand, Norderstedt

ISBN: 9783744874748

Auszeit

-

Die Erfahrungen einer Insel

Lyrik

Mario Stenz

Widmung:

Ineke und Zoë Stenz und der Insel Rügen

„Zunächst war das nur eine Übung. Ich schrieb das Verschwiegene, Nächte, ich notierte das Unaussprechliche. Ich hielt den Taumel fest."

Arthur Rimbaud

"Die Welt muss romantisiert werden (…)."

Novalis

Jeder dumme Junge kann einen Käfer zertreten, aber alle Professoren der Welt können keinen herstellen."

Arthur Schopenhauer

„Eine ausgewachsene Eiche produziert im Jahr 3 Milliarden Liter Sauerstoff. Ein Mensch braucht im Jahr 210.240 Liter Sauerstoff. Das heißt, eine Eiche produziert jährlich genügend Sauerstoff für rund 14.250 Menschen."

Deutsche Forschungsgemeinschaft e. V.

Inhalt

Anfang

Alles begann
wie eine neue Geburt:

ein Nachtgang
aus dem Gewohnten gen Norden,

wo am Ende des Tunnels
die Tage sich Sterne reichten

und ein kälteres Licht
frei seine Schätze verschenkte.

Dach

Ein rotes Gemäuer bot
Heimat vom Funktionieren für losere Zeichen:

einladend,
mit ausladenden Geschichten

von der Waage und den Ketten
in den Gärten

mit Sandkästen nah bei der Bank unter Buchen
am Rande des Dunkels

und Schmuck von rauschenden Linden
in der grünenden See

Heimat

Heimat eröffnet sich überall
wo man Kraft schöpft,
Fülle und sich geborgen fühlt,

und der tätige Gedanke
einen Weg findet,
um auf Reisen zugehen.

Farben

Der Wind,
der unablässig das erhabene Alter der Bäume wog:

schwer hob sich zu Beginn der Milchmond
in die Augen der Gräser

aber die Frische des neuen Morgens
verhieß Freude:

Poesie ohne alternden Schlaf
in den Grundfarben einer Insel der Gezeiten.

Ketten

Es bedurfte etwas Mühe
um wieder meeroffen zu werden:

das Kalendergefängnis
kerbt sich ins Gedächtnis,

ein Begriff konzipiert
gegen das Augenblickliche Muster,

und jede Gewohnheit
hinterlässt Fesseln im Fleisch,

die alle schneidend formen,
was sich einst spielerisch und freier gebar.

Begegnung

Es war eine Heimkehr
in den Ursprung

ein Wiedersehen
unter alten Freunden

eine Umarmung
bei der ersten Berührung

hungernder Sinne mit der Weite
der großen See

Liebe

Zwei Schwäne tauchten
ihr Haupt ins tanzende Wasser:

Wie wir beide verbunden
tranken sie in den Wellen
die Sehnsucht des einenden Meeres.

Entschleunigt

Wind spielte ein Lied in den Bäumen,
den ersten Steinen schenkte ich ein Ohr,
Worte erwachten aus Wellenträumen:
anders und schön trat entschleunigt die Welt hervor.

Die Sinne schenken sich den Dingen,
wenn wir freier durch Raum und Zeiten treiben
so dass wir in Erfahrungsschichten dringen,
die bleibendes Leben in unser Inneres schreiben.

Verwandlung

Eine Krähe und ich am Treibholz
in der Schräge der Felsen:

Wir tauschten die Plätze für eine Weile
und ich fand mich,

in der Einsamkeit froh,
wieder in Frieden,

und erneut in der Innenanschau
der Wellen zu Hause.

Quelle

Die Stille,
eine Quelle,
mit Orten
für Sinn in
der Reinheit
der Leere.

Die Stille,
ein Brunnen,
schön,
schonungslos
und
unerschöpflich,
errichtet
über den Tiefen
der Meere.

Reichtum

I.

Ich lauschte dem Wind
und fand
im offenen Schweigen
die gesättigte Zeit.

Ich lauschte der Zeit
und fand
genug von ihr vor, um
wieder zu verweilen.

II.

Am dritten Abend
ohne bedrängende Pläne
begann ich dann
im Dunkeln wieder zu sehen:

Im leisen Lachen
ohne sichtbaren Anlass
besiegelte sich frei
mein Glück und meine Fülle.

Bücher

Wissen
verwandelte sich wieder
zur leuchtenden Waffe,

Geschichten
wurden für die Vorstellung
zu belebtem Gold

und jedes Buch
betrat ich als Sprungbrett
in eine andere Deutung.

Blüte

Ich türmte Feuersteine
wie im Kinderspiel
blindlings ins Glück.

Beachtet, aber ohne Sorge,
keimte ein neuer Tag
zur verheißenen Blüte.

Spielraum

Drei freie Gedichte
zur Frühstücks-Feier
der Morgenröte:

Ein paar ballastreiche Bilder
zum steten Zerdenken
verträgt jeder Magen,
als Proviant des Tags
zum Marsch in den Traum.

Kind

Im zweiten Schlaf
spiegelt ihr Gesicht
lernende Träume

Im Wachen erobert
sie sich täglich
ein Weltstück neu.

In der Tat:
in den Taten des Spiels,
atmet ein Wunder, das wächst.

Zeitschichten

Abgründe reihenweise,
reinweiß aus Äonen geankert,
mahnten die Ellen des Alters:

Steinschichten mit Geschichten
und die Ringe der Buchen schlugen
zu Buche und schrieben sich über mich:

Die Frage, was bleiben wird,
fand im Feuer der alten Wälder
die Taufe für meinen jüngsten Tag.

Einlösung

Das tanzende Glitzern
der Sonne
auf der sich eröffnenden See
trage ich bereichert
in den Taschen der Stunde
als Diamanten
nach Hause.

Ich löse sie ein,
um wieder freier zu sehen,
dann, wenn
die Tage des Kalenders
mit Gittern der Zeiten
meinen Blick in die Weite
bedrängen.

Erfühlen

Aus dem Fenster
in die Nacht gelehnt:

Wer ins Dunkel blickt
erfühlt seine Farben.

Innehalten

Mit den Augen
des Adlers und der Peitsche umher

auf die faltigen Lippen
der dünn getragenen Finger

und

die Alltagsfetzen
des aufgabenmüden Mundes geschaut,

erfahren die abgenutzten Worte
wieder Schärfe, Balsam und das Panorama des Bildes.

Luxus

Eng bei eng in Körben geparkt
lagen sie breitbeinig
in den Schneebädern gebettet:

„Kraft durch Freude" de luxe
verkleidet als Urlaub und Kuren
für die Fortsetzung des Funktionierens.

Was einst verabreicht wurde
Wird nun freiwillig erworben,
nur: exklusiver feilgeboten wird´s,
um Ansehen und höhere Erträge zu ernten.

„Kraft durch Freude" heute:
Im Kapitalismuskäfig müssen
unablässig die Kassen klingen:

In den Ostseebädern und anderswo,
liegen wir uns gesund, damit jeder
erholt seinen besten Kling-Klang
zum Wettkampf der Kassen bringt.

Rüstung

Den harten Blicken und
dem stillen Gelächter entgegen

flanierte es sich
über die panoptischen Promenaden

in die Rüstung
der Genügsamkeit gekleidet

freier in ein Verhältnis zu
Gott und den musternden Menschen.

Freigabe

Mondnachtmädchen:
deine Wege stehen auf grün:

Ich werde dich ziehen lassen,
wenn dir der Sinn
nach dem Spiel
im Labor der Wiesen steht.

Gelassenheit

Nun: Es ist Zeit! sagt die Zeit.
Für was? fragt die Gelassenheit.
Wenn wir dies nur wüssten!
Und so kam es endlich so weit,
dass sich Zeit und Augenblick küssten.

Eintauchen

Die Ostsee
im Inneren,
im Licht
fünf Fuß
unter null besehen,

kleidet ihr Geheimnis
in den Farben
Absinths.

Bewegungsgedanke

Bewegung ist Leben
und Sport
als besondere Art
bedeutet
mehr als
ein Strohfeuer des Spaßes:

Blut,
das im wie Rausch der Liebe
aufwallt
verwandelt den Leib in der Welt
zu Wein
mit einem exklusiven Geschmack
von sich.

Erziehung

Eine unebene Härte begleitet meine Liebe:

Beharrlichkeit und Konsequenz
bezeichnen zwei Stränge meiner Erziehung,

ohne Wohlwollen
und Zärtlichkeit zu vergessen

die auf den Armen der Worte
ins Mögliche heben.

Baumblicke

Droben am Kreidefelsen, auf den Klippen,
den Blick seewärts in Freudentränenflüssen
küsste ich erneut des Lebens volle Lippen,
das Ewige und auch das Vergehen-Müssen.

Unter weisen Blicken der alten Buchen
fühlte ich etwas sich in mir versuchen,
ich fühlte neues Blut pulsieren, in Wogen,
ich will weiter wachsen - astreich und unverbogen.

Atemmusik

Musiker in Sand gefasst,
die im Klangraum Geschichte schrieben:

Wie Bäume schenkten sie Menschen Luft
um im Nebel zu atmen.

Denn: neben Liebe und der schönen Stille
belebt wenig mehr als Musik.

Meer

Das Meer
besitzt
einen pulsierenden Takt
und eine helfende Güte:

Es führt
uns höflich
zur ursprünglichen Erinnerung
der Unendlichkeit zurück
und nimmt
wie ein Schwamm
in sich
den Ekel der Sorge auf.

Distinktionskälte

Sie erholen sich wohl,
in Gold gehoben und lästernd:

Weiß wie ihre Villen
erscheinen ihre Seelen nicht.

Wer sich als etwas Besseres dünkt,
ist auf erhebenden Unterschied aus,

einen abgründigen Unterschied aber,
der aller Anteilnahme die Gräber bereitet.

Denn: um Mitgefühl zu befördern,
ist das zu finden, was uns als Menschen eint.

Dazwischen

Eine Wolkendecke
fremd
und doch vertraut
gesättigt,
wohlwollend
und weich
wie ein geschwungenes Lacken
und ich darunter
zwischen Ackerboden und der Unendlichkeit:

Ein Teil in mir
fühlte sich
von der Anmut aufgetan und
bis zur äußersten Grenze
geborgen
ganz so,
als gäbe es
in Höherem als die Erde
ein Haus.

Reisen

Man sagt:

„Reisen bildet"-

aber:
nicht immer!

Reisen bildet
und formt
nur

den Neugierigen und

den
für Veränderung
Offenen

fort.

Blicklese

Im Erlebnisbad
zwischen den Übungen

flüsterten ihre Augen
Bände der Liebe.

Ich beantwortete
ihre leisen Worte

in der Bewegung
redseliger Blicke und

den zärtlichen Zeichen
einer streichelnden Geste.

Steinbilderbuch

Ich sammelte mehrmalig
einmalige Steine mit
Narben und Gesichtern darauf
und fand den Spiegel des Alls darin:

Die Kunst der Fraktale
gaben Gestalten frei,
die das Alphabet des Kosmos
in unausdeutbaren Geschichten bebildern.

Hoffnung

Eine Schicht Silber
schimmerte leuchtend bei Nacht
zum Morgen durchs gebrochene Glas-

Ewige Finsternis:
eine Erfindung von Hoffnungslosen,
die das Auge des Jägers verloren.

Intensität

In die Stille gestellt,
zwischen ein Plätschern -

Zu vernehmen war nur:
mein Puls,
der Wind,
im gestreichelten Schilf
nah bei den Bäumen
und ein Gesang im Gehen,

vom eindringlicheren Dasein
im Abseits
als Ankunft in der Poesie.

Klassen

Den Kreis der Rosen betrat ich:

ein Mandala
des Klassizismus in der Provinz,
eine weiße Perle Prunk
gebaut
von Fürsten
zu Ehren der Menschlichkeit
und
Strafe
der Hütten.

Geschichte

Der Trödel
der teuren Geschichte
im Hause Proras:

Für alle Belange
waren
Bücher,
Blech und
bereichernde Blicke zurück
als Belege
für und auf
andere Wirklichkeiten
zu haben:

Was ist,
war schon anders
und alles was ist
kann
immer anders
und auch
besser werden.

Seebrücken

Sellins Perle und die
stilvollen Seebrücken der Bäder-
wohin führen sie?

Sie führen fort,
von den rechnenden Menschen
zum Offenen hin

fort als Fortschritt,
in den Gang der Gedanken
des bedachteren Worts,

fort von der Bepreisung
zur neuen Bedeutung,
über das Blaue - als Weg.

Standpunkte

Ich ließ mich treiben
wie abertausende auch,
-aber schwamm ich
schon mit dem Strom?

Mein steter Strom
des Bewusstseins aber
fließt förmlich und frei
in anderen Gefilden:

Ein Fuß im Zweifel,
ein Fuß in der Poesie,
und den Kopf in den
Sternen der Fremde.

Erleben

Wo der Mönch am Meer stand,
dort stand auch ich. Ich staunte
nicht minder, - wusste aber weiter:

Meine wilde Romantik
will keine falschen Blumen
oder ein erträumtes Behagen.

Ich will leben wie
ein gezeichneter Fels
in den Stürmen der Zeiten.

Leben und erfahren wie
sich der Regen in der Wolke
im Verhältnis zur Leichtigkeit fühlt.

Leben wie ein
leuchtender Tag, der hinauf
in die Heimat des Dunkels fährt.

Gesetzt

Die Naturgesetze erfuhr ich
wie gewöhnlich,
aber eindringlicher
am eigenen Leib im
kleinen Versuchsgarten
für Kinder.

Niemand entkommt der Physik,
der Chemie, den Lebensgesetzen
und anderen Vorgängen,
als Inschriften
der Ordnung,
die etwas Größeres uns vorgab.

Obgleich darüber:
Im Denken
tagt noch Spielraum
für die Deutung des Wunders,
das(s) und was wir sind
und überhaupt etwas ist.

Märkte

Büchermärkte
unter Plastikgedecken:
Bedrücktes
für Billig
brachte mir Regen.

Meine Zeichen
werde ich
wohl nie
vervielfältigt finden,
aber ich fand Freunde dort
bekleidet und
in herabgesetzter Unsterblichkeit
auf Tapeziertischen
liegen,
die ihr Schaffen einsam erlitten.

Glaube

Ich betrachtete die Gräber der Riesen
und sah sie als bedeutende Brücke:

Erinnerungen an damals
als die Ältesten die Angst und den Riss

zwischen Leben und Tod
mit Träumen des Jenseits,

schwerem Steinen als Schutz
und Gaben der Ehre umbauten,

um ihrem menschlichen Erwachen
in bewusstem Atem und Licht

die Grundfeste und
eine neue Ordnung zu geben.

Gemeinsam

Leben mit mehr als sich:
eine Herausforderung und
eine Erfahrung, die uns gelang.

Denn: wer liebt, der lacht
gemeinsam in Gesprächen
und erleidet auch die
gegebenen Launen des Makels.

Ehrfurcht

Wir bewegten uns im Netz der Vielfalt,
hoch oben zwischen den Wipfeln,
zu Füssen der Faszination der Bäume:

Etwas Ehrfurcht und Staunen stünde
uns Plastikmenschen nicht schlecht
über das Rätsel, in dem wir uns finden.

Ich für meinen kleinen Teil
werde eine Eiche im Garten pflanzen
die Tausenden Tage und Leben schenkt,

Ich will den Höhlen weiter
den Rücken kehren und mit Brot
aus eigenem Ofen den Tisch bereiten.

Und ich werde weiter Bücher schreiben,
Bücher fürs Leben, die keiner liest, der
das Wesentliche nicht braucht.

Entwicklung

Unter rauschenden Pappeln:
der Garten Eden der Evolution.

Ich fand fast fleischgewordene Visionen davon,
wie alles anfing
und über unvorstellbare Zeiten,
das Leben um Passung kämpfte
bis es zu uns kam:

„Anthropozän": unsere Zeit ist angebrochen.

Der Mensch: der Macher,
ein Genie und
ein Abgrund
aus eigenem Antrieb.

Wir sind eine Etappe
in der Lichtung
mit Geschichte,
eine Erd-Episode
über die vermutlich
Wasser
und auch
Gras wächst.

Sintflut

Nach uns die Sintflut?

Unbenommen:
kahlgeschlagen
und
übersonnt,
und weiter
vereinzelt
unbesonnen,
sind
wir schon heute
die
Flut für morgen.

Wird nach uns
dann Ebbe,
Menschen-Auszeit
und
der Erde
große Erholung sein?

Nachdenken

Brütende Nächte in Blau
auf einem Ei mit beredeten Blitzen.

Bildnis der Frömmigkeit eines Atheisten
für den diesseitigen Aufriss.

Spuren

Der Mensch
wie tätiger Stein

den die Zeit
in steter Bewegung
der Brandung
zu Sand zerreibt

bevor er wortlos
ganz Spur wird

Kulturnachtgedanke

Nach dem Abgang dann,
mit der Erde heiß und überwässert,

wenn von den Kulturen
Nichts mehr bleibt

verliert „die Natur" ihren
Benenner und Namen,

aber nicht ihr Werden und
die Totalität ihrer Wirklichkeit.

Zeitzeugen

Majestätische Bäume
sah ich am Wegesrand,
alt wie Edelstein
und ebenso erhaben,

dass die Spannweite
von Schwänen
für ihre Umfänglichkeit
nicht genügte,

um in einer Umarmung
im Ganzen zu ermessen
welche Größe und Abgründe
der verflossenen Zeiten sie erfühlten.

Dem Namenlosen

Im Wind
singt seine Stimme

Im Sonnenlicht
verströmt es sich

In den Falten der Rinde
feiert es seine Entfaltung

Und im Wuchs der Bäume
wächst auch es.

Im Regen fällt
und weint es mit uns

Im Lächeln lebt
und erhellt es den Tag

In der Einsicht zeigt
es sich schenkend

Und im Schmerz belehrt
es uns bald.

Im Gewürm wälzt
es sein Weh.

Und in den Blumen
atmet es fort.

Im Laub wandelt es
sich zu neuem Leben,

Im Tod zeigt es
die Kraft seines Dunkels.

Es kleidet sich in alle Sprachen
auch wenn es namlos bleibt.

In keinem Wort
ist es gefangen,

Aber in den
Gesetzen der Dinge,

den Gaben des Werdens und
der Liebe daheim.

Reflexion

Erfahrung ist golden,

aber
kein Geld wert,

und die Zeichen
am Rand der Nacht

sind nur
mein einsamer Ausweg

aus der liebenden Leere

und

meinem anderen Reichtum.

Rahmung

Manch Stürme
schütteln Sterne aus den Wolken.

Doch wie viele deuten
die schüchternen Gaben des Lichts
als Wink des verheißenen Regens.

Wachstum

Welcher Weg
in den Wäldern ist zu wählen?

Den, der in allen Lagen
das Schwimmen lehrt-
wenn nach Wachstum gefragt wird.

Wege

Welcher Weg
führt nun nach innen, zu sich?

Der Pfad der Versuche und des Irrtums,
das Gespräch und zwischen allem
die Stille, die sich mit Aufrichtigkeit paart.

Verinnerlichung

In schöne Landschaften
und Situationen gestellt
schlägt das Gedächtnis wurzeln:

Tief genug gegraben
wird so der erinnernde Mensch
Baum und der Augenblick Bleibe.

Tagewerk

Alles ist gut, tönte es aus mir,
denn ich werkelte
am Geduldswerk im Schweigen
wider den Willen,
um den Tag im Gedächtnis
nicht im Voraus zu töten.

Heimkehr

Es fiel
ein Frosch
und
ein Baum
vom Himmel
in die Obhut der Steine:

Die Schwerkraft versprühte Liebe.

Die See holt uns heim.

Licht

Die eigene Bewegung
brachte den Zauber des Wandels auf den Weg,
Und schon versetzte mich
die Schönheit erneut ins schaffende Staunen:

Das Lichtschattenspiel
zwischen der alten Architektur der Stämme
lenkte die Stunde der Wälder
in die Arme eines wachenden Traums.

Charakter

Mein Charakter:
eher ein Frühlings-
und Herbstherz,
kein Hitzefreund
da still und selbst
der Flammen voll:

Das leichte Leben
genoss und genieße
ich ab nun lieber
in der rauen Kunst
und erweckenden Kühle des
grünenden Nordens.

Empfindungsporträt

Unberührt fand ich
die Wohnung der Wiesen mit Mohn
Zwischen den Tagen der Sonne.

Die Wälder
wild und altehrwürdig zur Höhe gewachsen

Der Wind Richtung See
fasste ich als Segen der Erde auf.

Die Küsten aus Kreide
begriff ich als Büste relativer Beständigkeit.

Und den Regen empfand ich
als Weg zur erfrischenden Andacht
in der befreiten Früh.

Sonne

Du
in der Sonne, auf der Seite der See
Du
auf der Suche, nach Spuren am Strand.

Du
mit einem Blumenband
blühst wie
eine Statue aus Feuer:

Du
gewährst mein Atem-Abenteuer
das Vergessen
von Weltwunden und Schnee.

Uranteile

Das Glück des Jägers:
Die Erfahrung als Beute.

Der Frohsinn des Sammlers:
Ein Fundstück zum Selbst.

Des Kriegers Seligkeit:
Verteidigung und der Sieg.

Des Weisen Glück:
Der Erkenntnis Helle.

Der Dichters Frohsinn:
Sätze geschenkten Gesangs.

Des Medizinmanns Höhe:
Die Gesundheit als Ziel

Und des Sehers Kitzel:
Die leitende Vision.

Des Vaters Freude:
Das Wachstum der Saat.

Des Mannes Gipfel:
Das Lächeln der Frau

Als Element des Kindes:
Das Spiel des Endlosen in mir.

Ernte

Die reife Nacht,
bewegt und weit
wie ein entflammtes Feld
voll Ähren und Reben,
ein Feld im Wind und
wogendem Dunkel,
das zu Brot
und Wein wird.

Die reife Nacht,
die Ergiebige
in der ich erntete
was ich säte,
erntete, was ich sah
und ich an Inschriften
ein- und heim trug
was sich mir schenkte.

Zeitzwiespalt

Ekel
und Ehrfurcht
erzeugt mir
die Erfahrung der Zeit:

Ekel vor dem Vergehen, was Liebe umgarnt,
und
Ehrfurcht
vor den Dingen, die schon lange währen und waren.

Ekel vor ihrer ungefragten Übermacht im Mahlstrom
und
Ehrfurcht
vor ihrer gleichbleibenden Allumfänglichkeit.

Ekel vor der Abart ihrer Unumkehrbarkeit
und
Ehrfurcht
vor dem Absolutismus ihrer unumstößlichen Ordnung.

Ekel vor dem Mangel, der teuer und gesetzt ist
und
Ehrfurcht
vor dem Gestalten der möglichen Fülle,
jener garantielosen Stunden
die noch ausstehen.

Abschied

Wie üblich am Ende:
der Abschied
im Stillen.
Wie üblich am Ende:
der Abschied
allein.

Wie üblich am Ende:
der Abschied
vom Meer,
das ich als Bild der Eröffnung
für den Durst leerer Tage
in mich zurück trank.

Wie üblich am Ende:
der Abschied
vom Meer
als Dank an die gewährte Weite
in der Enge des alltäglichen Worts.

Wie üblich am Ende:
der Abschied
vom Meer
mit Küssen vom Felsgrund
in der Sehnsucht
auf ein mögliches Wiedersehn
an anderer Stelle.

Bilanz

Eine Reise als Auszeit wie ein Erfahrungspalast:

Kein Tag -fast-
Glich in der Folge dem andern.

Leben wie ich es liebe.

Dies Leben heißt:
Sich einlassen, erleben, schaffen und wandern.